Mehr über unsere Bücher, Autor*innen und Illustrator*innen unter www.esslinger-verlag.de
Astner, Lucy; Helm, Alexandra: Schlaf ein, kleiner Schmollmops
ISBN 978-3-480-23812-5

Umschlagtypografie: Alexandra Helm, Doris Grüniger
Innentypografie: Doris Grüniger, Buch und Grafik, Zürich
Reproduktion: Schwabenrepro GmbH, Fellbach
Druck und Bindung: Livonia Print, Riga, Lettland

© 2023 Esslinger Verlag in der Thienemann-Esslinger Verlag GmbH,
Blumenstraße 36, 70182 Stuttgart
Printed in Latvia.
Alle Rechte vorbehalten.

SCHLAF EIN, KLEINER SCHMOLLMOPS

Lucy Astner
Alexandra Helm

esslinger

»Kleiner Schmollmops, es wird Zeit fürs Bett«, ruft Mama Mops am Abend. Aber der kleine Schmollmops hört gar nicht richtig zu. Wie ein Wirbelwind saust er durchs Gras, schlägt einen Purzelbaum und springt vergnügt in die Höhe.
»Jetzt ist aber Schluss«, mahnt nun auch Papa Mops, und der kleine Schmollmops stolpert vor Schreck über seine eigenen Pfötchen. Oje …

Besorgt stupst Papa Mops ihn an. »Geht es dir gut, kleiner Schmollmops?« Der kleine Schmollmops kichert. »Nichts passiert«, sagt er und will schon wieder weitereilen, um den Schmetterling einzuholen. Aber Papa Mops hält ihn mit einem liebevollen Lächeln zurück. »Für heute hast du genug getobt. Du hast Mama doch gehört: Es ist spät, du musst jetzt schlafen gehen.«

Schlafen? Jetzt schon? Die Sonne taucht gerade hinter den Himbeersträuchern ab, und am Himmel kann der kleine Schmollmops sogar schon die feine Mondsichel erkennen. Aber fürs Körbchen ist es trotzdem viel zu früh. Er ist ja noch gar nicht müde! Erst will er noch einen Blumenstrauß für Oma pflücken und in den Zweigen der alten Weide schaukeln – oder ein kleines Mopshäufchen auf die Fußmatte vom Bauern nebenan machen?

»Morgen ist auch noch ein Tag«, lacht Mama Mops,
»du musst doch hundemüde sein.«
Sie schiebt den Schmollmops behutsam in Richtung Kuschelkörbchen.
Wie jeden Abend darf er sich noch ein Buch aussuchen.
Dann gibt Mama ihm einen Gutenachtkuss.
»Schlaf schön, kleiner Schmollmops«, flüstert sie.

Schlaf schön? Der kleine Schmollmops wirft sich stöhnend auf den Rücken. Daraus wird nichts!

Er ist nämlich noch hellwach, so kann er auf keinen Fall einschlafen.

Wenn er nur wüsste, wie man richtig müde wird, dann wäre das Einschlafen sicher leichter.

Vielleicht können seine Freunde ihm helfen? Auf extraleisen Mopspfötchen tapst der kleine Schmollmops aus seinem Körbchen und schleicht sich zurück nach draußen.

Und er hat Glück! Am Teich trifft er seine Freundin, die kleine Ente. »Du kannst nicht einschlafen?«, fragt sie erstaunt und winkt mit ihrem Flügel ab. »Kein Problem! Ich kann dir zeigen, wie ich immer so richtig müde werde.«

Sie legt ihre Flügel vor der Brust aneinander,
schließt die Augen und atmet ganz langsam
ein und wieder aus. *Ein und aus und ein und aus.*

Willst du deine Hände auch mal vor
der Brust falten, die Augen schließen
und ganz tief ein- und ausatmen?
Zeig dem kleinen Schmollmops,
wie man entenmüde wird!

Das hast du super gemacht! Der kleine Schmollmops probiert es auch und wird
wirklich ein wenig schläfrig. Aber dann hört er plötzlich ein lautes Schnarchen.
Die Ente ist selbst eingeschlafen! So ein Pech – der kleine Schmollmops ist nun
nämlich wieder hellwach …

»Kein Problem«, surren die Bienen, die der kleine Schmollmops vor ihrem Nest im hohlen Baumstamm trifft.
»Wir können dir zeigen, wie wir immer so richtig müde werden.«
Dann legen sie sich die Fühler an die Wangen und beginnen, ein schönes Gutenachtlied zu summen. Sssssssss!

Magst du sie unterstützen und
dem kleinen Schmollmops vormachen,
wie man bienenmüde wird?
Dann leg deine Finger an die Wangen
und summe dein Lieblingsschlaflied.

Toll, das kribbelt ja im ganzen Gesicht!
Du summst ganz fabelhaft!
Der kleine Schmollmops macht auch
mit und wirkt plötzlich ziemlich müde.

Doch halt, was ist das? Die meisten Bienen sind eingeschlafen, aber ein freches
Bienchen setzt sich mitten auf die Nasenspitze vom kleinen Schmollmops –
und seine Müdigkeit ist auf einen Schlag verflogen.

»Kein Problem«, kichert der Waschbär, den der kleine Schmollmops in der Scheune trifft. »Ich kann dir zeigen, wie ich immer so richtig müde werde.« Er schließt die Augen, richtet sich ganz gerade auf und massiert sich mit seinen Waschbärenpfötchen sanft den Kopf. Kitzel, kitzel, *drück, drück*.

Willst du es auch ausprobieren und dem kleinen Schmollmops zeigen, wie man waschbärenmüde wird?

Wie schön entspannend, das hast du super gemacht! Der Waschbär schläft sofort ein und auch der kleine Schmollmops muss gähnen.

Aber dann bringt ihn das viele Stroh plötzlich zum Niesen – *hatschi* – und er ist wieder ganz schön wach ...

»Kein Problem«, beruhigt ihn das Lämmchen, das der kleine Schmollmops auf der Weide trifft. »Ich kann dir zeigen, wie ich immer so richtig müde werde.« Es kuschelt sich ins weiche Gras, schließt die Augen und beginnt, die Schäfchen zu zählen, die der Reihe nach über den Zaun der Weide springen.
Eins, zwei, drei ...

Wenn du auch mal zeigen möchtest, wie man lämmchenmüde wird,
schließ deine Augen und lass die Schäfchen hopsen!

Ausgezeichnet! Das Lämmchen
schnarcht leise vor sich hin und auch
der kleine Schmollmops wird beim
Möpschenzählen ziemlich schläfrig.

Doch dann streckt ihm eins dieser Möpschen beim Zählen die Zunge raus –
und der Schmollmops muss kichern. Müde ist er jetzt nicht mehr …

»Kein Problem«, grunzt das Ferkel, das der kleine Schmollmops am Matschloch trifft.
»Ich kann dir zeigen, wie ich immer so richtig müde werde.«
Es wirft sich geschickt auf den Ferkelrücken, zieht seine Ferkelbeine an und beginnt, sich genüsslich hin- und herzuwiegen.
Nach links und rechts, links und rechts.

Mit deiner Hilfe schafft es der kleine Schmollmops sicher auch, ferkelmüde zu werden. Leg dich auf den Rücken, greife deine Knie und rolle dich langsam von der einen auf die andere Seite.
Ist das nicht gemütlich?

Das hast du prima gemacht!
Sieh nur, das Ferkel schlummert schon!
Und der kleine Schmollmops rollt
ganz genießerisch hin und her.
Seine Augen werden dabei ziemlich schwer.

Moment, was war denn das für ein Geräusch? Das Ferkel hat gerade ziemlich schweinisch gepupst! Jetzt riecht es ganz fürchterlich.
An Schlaf ist für den Schmollmops nicht mehr zu denken …

»Kein Problem«, murmelt der Maulwurf, der am Waldrand gerade einen Hügel aufwirft. »Ich kann dir zeigen, wie ich immer so richtig müde werde.« Mit seinen Maulwurfspfötchen streicht er behutsam seine Ärmchen aus, von der Schulter bis zu den Fingerspitzen. Dreimal links, dreimal rechts. Streich, streich, streich.

Machst du mit und zeigst dem kleinen
Schmollmops, wie man maulwurfsmüde wird?
Dreimal den einen Arm runterstreichen
und dreimal den anderen ...
Ist das nicht schön?

Wunderbar! Der Maulwurf ist schon nicht mehr richtig wach.
Und auch der kleine Schmollmops macht mit und wird ganz müde.
Doch dann trifft ihn ein Häufchen Erde und die Müdigkeit
ist wieder verflogen ...

»Kein Problem«, säuselt der Schmetterling, der sich im Fliederbusch von der Schmollmopstollerei erholt. »Ich kann dir zeigen, wie ich immer so richtig müde werde.« Er schließt die Augen, streckt seine gelben Flügel aus und wiegt sich ganz langsam hin und her, als wäre er ein Grashalm im Wind.

Möchtest du dem kleinen Schmollmops vormachen, wie man schmetterlingsmüde wird? Dann schließ deine Augen, strecke die Arme aus und wiege dich ganz sanft hin und her.
Hin und her und hin und her.
Merkst du, wie gut das tut?

Schau an, das hast du super hingekriegt! Der Schmetterling ist eingenickt und auch der kleine Schmollmops wird ganz schläfrig.

Aber oh nein! Plötzlich verliert er das Gleichgewicht und purzelt auf den Boden. Jetzt ist er wieder hellwach!

Armer Schmollmops, hier und jetzt schläft er sicher nicht mehr ein. Der Himmel ist mittlerweile stockfinster, und der Mond funkelt mit den Sternen um die Wette. Plötzlich hört der kleine Schmollmops seltsame Geräusche und kriegt ein bisschen Angst. Es knackt ganz unheimlich in der Hecke und von irgendwo ertönt ein schauriges *Buuhuuu*. Außerdem ist es ganz schön frisch geworden. Hastig huscht der kleine Schmollmops zurück nach Hause.

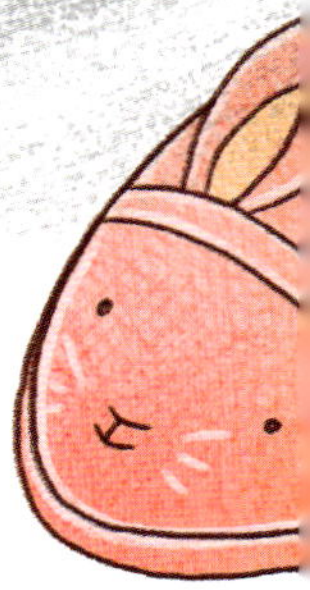

Mit einem leisen Seufzen lässt er sich in sein Kuschelkörbchen sinken.
Ist das herrlich, so weich und gemütlich! Und obwohl er gerade noch
kein bisschen müde war, muss der kleine Schmollmops nun gähnen und
seine Äuglein werden ganz schwer. Doch halt, was ist denn jetzt schon wieder los?
Der kleine Schmollmops hört Pfoten, die leise herantapsen.
Träumt er etwa schon?

Es sind Mama und Papa Mops, die sich ins Zimmer schleichen – und sich neben den kleinen Schmollmops ins Körbchen kuscheln!
»Wir konnten einfach nicht einschlafen«, murmelt Papa Mops und rückt noch ein bisschen dichter heran.

»Aber so ist es schon viel besser«, flüstert Mama Mops, während sie sich noch etwas enger anschmiegt.
Der kleine Schmollmops muss grinsen. »Kein Problem«, sagt er. »Ihr könntet vielleicht Möpschen zählen oder euch die Pfötchen ausstreichen oder ...«

Da hört er neben sich ein leises Schnarchen. Mama und Papa Mops sind schon eingeschlafen! Zufrieden gibt der kleine Schmollmops seinen Eltern einen Kuss, holt noch einmal tief Luft und pupst beim Ausatmen ganz leise.

»Manchmal kommt es gar nicht darauf an, wie schnell du einschläfst«, denkt er, als ihm endlich die Augen zufallen. »Sondern darauf, mit wem du dabei kuschelst.«